Mirlos americanos

Julie Murray

abdopublishing.com

Published by Abdo Kids, a division of ABDO, PO Box 398166, Minneapolis, Minnesota 55439.
Copyright © 2017 by Abdo Consulting Group, Inc. International copyrights reserved in all countries.
No part of this book may be reproduced in any form without written permission from the publisher.

Printed in the United States of America, North Mankato, Minnesota.

102016

012017

THIS BOOK CONTAINS
RECYCLED MATERIALS

Spanish Translator: Maria Puchol

Photo Credits: iStock, Shutterstock

Production Contributors: Teddy Borth, Jennie Forsberg, Grace Hansen

Design Contributors: Candice Keimig, Dorothy Toth

Publisher's Cataloging-in-Publication Data

Names: Murray, Julie, author.

Title: Mirlos americanos / by Julie Murray.

Other titles: Robins. Spanish

Description: Minneapolis, MN : Abdo Kids, 2017. | Series: Animales comunes |
    Includes bibliographical references and index.

Identifiers: LCCN 2016947312 | ISBN 9781624026058 (lib. bdg.) |
    ISBN 9781624028298 (ebook)

Subjects: LCSH: Robins--Juvenile literature. | Spanish language materials--
    Juvenile literature.

Classification: DDC 598.8--dc23

LC record available at http://lccn.loc.gov/2016947312

Contenido

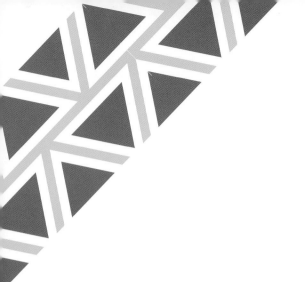

Mirlos americanos

Los mirlos son pájaros. Se pueden ver en los árboles.

4

Los mirlos tienen plumas. Los mirlos americanos tienen la panza de color naranja.

Sus alas son de color gris oscuro. Tienen manchas blancas. Su pico es amarillo.

9

Tienen los ojos negros con un anillo blanco alrededor.

Los mirlos construyen nidos con ramitas y hierba. También usan plumas y lodo.

13

Comen bayas e insectos.

¡Hasta comen gusanos!

Los mirlos son pájaros cantores.

Se les puede escuchar cantar.

Los huevos de los mirlos son fáciles de ver. ¡Son de color azul claro!

¿Has visto alguna vez un mirlo americano?

Características de los mirlos americanos

huevos azul claro

plumas anaranjadas

pico y ojos

plumas de las alas y la cola

Glosario

cantor
pájaro que canta.

manchas
marcas pequeñas.

Índice

abdokids.com

¡Usa este código para entrar en abdokids.com y tener acceso a juegos, arte, videos y mucho más!

Código Abdo Kids:
ERK1187